Sommario

Premessa..4

A chi si rivolge il libro 6

Dov'è il codice? 7

Requisiti 7

Le basi 9

Cos'è jQuery?..9

Vantaggi di jQuery 10

Svantaggi di jQuery 11

Programmare con jQuery 12

Dove inserire il codice..12

Nella pagina HTML..13

Fuori da una pagina HTML 13

Console del browser 13

Statement e sintassi..14

Array 15

Oggetti 17

DOM..20

Cos'è?..20

Selezionare elementi del DOM 20

Filtrare elementi o selezioni..23

Navigare nel DOM..29

Inserire elementi nel DOM...32

Sostituire e rimuovere elementi 39

Stile con CSS 42

Effetti ed animazioni 49

Browser e compatibilità 60

Conclusioni 61

Premessa

Ormai siamo circondati dalla tecnologia, sblocchiamo il nostro cellulare centinaia di volte per controllare chat, social ma soprattutto navigare in rete. Ogni sito Web che visitiamo ha una propria struttura, una propria tecnologia alla base ma tutti si rifanno ad HTML, CSS e JavaScript. Queste tecnologie sono alla base della formazione di qualunque sviluppatore Frontend (e non solo) ma ormai da un po' di tempo è necessario conoscere anche jQuery in quanto si tratta di un framework utilizzato sia nei vecchi siti Web che in quelli nuovi. jQuery è spesso integrato con soluzioni più recenti come Angular e React sebbene non sia consigliato ma talvolta le esigenze, soprattutto in grandi progetti, tolgono spazio alle best practice.

jQuery è nato nel 2006 dall'ingegno di John Resig con l'idea di snellire il codice e garantire la massima compatibilità con librerie esterne. In ambito di sviluppo Frontend compatibilità è la parola chiave, motivo per il quale i test devono essere condotti con più browser diversi, versioni diverse e schermi di varie dimensioni per accertarsi che tutto funzioni come ci aspettiamo. Fossilizzarsi su un monitor specifico e su un browser specifico non è assolutamente il modo migliore per sviluppare un sito Web.

A chi si rivolge il libro

Se volete creare siti web che si basino su standard e che siano interattivi, dovete essere in grado di sfruttare una delle più importanti ed emergenti tecnologie di sviluppo. Questo e-book vi permette di capire a fondo i più importanti strumenti di jQuery per risolvere qualunque problema il Web vi presenti. Il testo si focalizza sulla libreria principale e su come integrare jQuery nelle vostre pagine web. Con queste informazioni sarete quindi in grado di affrontare e superare tutti i compiti più critici che dovrete affrontare per creare siti web potenti e interattivi. Questo e-book spiega come manipolare gli elementi del DOM e lavorare con i dati, quali sono gli step per utilizzare i form HTML, fornisce tutte le competenze per animare gli elementi e sfruttare le proprietà CSS, creando fantastici effetti visivi. Infine durante la tua fase di apprendimento analizza le best practice per scrivere codice jQuery efficiente ed ottimizzare il tuo sito ed estendere gli oggetti JavaScript.

Questo libro si rivolge a studenti, webmaster o semplicemente a persone curiose di conoscere e approfondire questo framework. E' gradita la conoscenza, seppur minima, di come funziona una pagina Web, cos'è l'*HTML*, CSS e JavaScript. Questo perché con jQuery abbiamo a disposizione molte funzionalità partendo dalla manipolazione degli stili CSS per arrivare alla manipolazione dell'HTML passando per le animazioni, gestione degli eventi e chiamate AJAX.

Dov'è il codice?

I riferimenti al codice verranno evidenziati con un font `monospaziato` e colori diversi in modo da evidenziare le parole chiavi di jQuery. Le porzioni di codice saranno auto-consistenti o faranno riferimenti a programmi già spiegati in capitoli o paragrafi precedenti.

I programmi si presenteranno nella seguente forma:

```
$(document).ready(function(){
  $("button").click(function(){
    $("#div1").addClass("bigText red");
  });
});
```

Tramite l'uso di un commento seguito da una freccia spiegheremo a cosa servono le istruzioni che stiamo usando, mostreremo l'output di una funzione o del codice proposto come segue:

```
$("p").html();
//"testo del <strong>paragrafo</strong>"
```

Requisiti

jQuery è uno dei framework che tutti gli sviluppatori Web dovrebbero conoscere perché insieme ad *HTML*, *CSS* e *JavaScript* racchiude gli elementi principali per una pagina o un'applicazione Web.

Le basi

Prima di iniziare a spiegare meglio jQuery è fondamentale conoscere il suo carattere chiave ovvero il simbolo del $ che sostanzialmente è un alias del nome del framework. La caratteristica fondamentale del framework è la sua essenzialità, si tratta infatti di una sintassi davvero concisa e senza inutili orpelli.

Il simbolo $ consente di usare un efficiente motore di selezione che avremo modo di approfondire nei prossimi capitoli ma consente anche di concatenare più selezioni come mostriamo nell'esempio seguente:

```
$("#customLink").text("Mio
Link").css("color","red");
//cambio il testo del link ed imposto il colore
rosso
```

In questo esempio abbiamo selezionato l'elemento della nostra pagina HTML con id *customLink* e abbiamo impostato la proprietà *text* con una stringa, successivamente, abbiamo modificato il CSS ed in particolar modo la proprietà *color* impostandola a *red* (rosso).

Cos'è jQuery?

jQuery è nata essenzialmente come una libreria per JavaScript ma con il passare del tempo si è integrata così bene (frutto di 15 anni di continuo sviluppo) che può essere considerato un vero e proprio framework. Il motto di questa libreria è *"write less, do more"* cioè scrivi meno codice e fai di più. Potrai notare, leggendo le righe di codice jQuery, che tutte le varie funzionalità offerte dalla libreria seguono questo approccio ed è anche per questo che aziende come Google e Microsoft hanno adottato tale tecnologia.

Esistono diverse versioni di jQuery ma per i nostri sviluppi utilizzeremo una delle ultime ovvero la 3.4.1. jQuery offre, di solito, un file compresso per la produzione e un file non compresso, utile ai fini di sviluppo e test. Nel nostro caso utilizzeremo il file non compresso in modo da familiarizzare di più con la libreria.

Vantaggi di jQuery

In questo paragrafo andiamo ad analizzare quali sono i punti di forza di jQuery e perché preferirlo ad altre soluzioni. Oltre a quanto già esplicitato è bene ricordare la parola chiave in ambito di sviluppo Frontend: **compatibilità**. Non possiamo pretendere che tutti i milioni di utenti che visitano il nostro sito abbiano la stessa nostra versione di browser con lo stesso schermo, è una follia. In tal caso jQuery si offre come un ottimo garante della compatibilità del codice grazie al metodo `jQuery.noConflict()`. In tal modo anche se per caso jQuery venisse incluso due volte nella stessa pagina (pensiamo a grandi progetti) non verrà restituito alcun errore ma verrà restituito lo scope della prima istanza.

Un altro aspetto da non sottovalutare riguarda la numerosa community che supporta questo progetto Open Source rendendolo sempre più completo e maturo.

Infine, ma non meno importante, la sintassi efficiente e la semplicità d'uso che lo rendono davvero unico nel suo genere.

Uno dei grandi svantaggi di jQuery è che solitamente è più lento del CSS o di JavaScript, la sua semplicità è la sua croce e delizia. Se puoi fare qualcosa con CSS e JavaScript in modo nativo il tuo codice sarà eseguito molto più velocemente. Questo è dovuto al fatto che jQuery non è stato pensato per le interazioni lato client, il suo scopo è quello di semplificare le attività per i programmatori esperti che sanno come sfruttarne le potenzialità. Se usato in modo improprio jQuery diventa uno strumento pericoloso in quanto il codice diventerà sempre più grande e complesso fino a diventare ingestibile.

Un altro svantaggio di jQuery è dato dalle numerose versioni che sono state sviluppate che rendono difficile o comunque rognoso l'upgrade ad una nuova versione. La community ha in parte risolto questo problema rilasciando un *jQuery Migrate* che rende più semplice tale processo.

Programmare con jQuery

Prima di tutto è fondamentale scaricare la libreria o fare in modo che la pagina Web che stiamo sviluppando la scarichi per noi. Dato che stiamo sviluppando e sicuramente ricaricheremo diverse volte la pagina consiglio di scaricare dal sito la libreria in modo da poterla caricare all'occorrenza dal nostro *filesystem* piuttosto che eseguire una chiamata HTTP ogni volta.

Dopo aver scaricato la libreria la includiamo come segue nella pagina HTML:

```
<head>
    <script src="jquery-3.4.1.js"></script>
</head>
```

In alternativa potremmo integrare la libreria con una chiamata HTTP verso un CDN come Google:

```
<head>
        <script
        src="https://ajax.aspnetcdn.com/ajax/jQuery
        /jquery-3.4.1.js">
        </script>
</head>
```

Iniziamo ad utilizzare jQuery e, così come per i file JavaScript, abbiamo diversi scenari possibili: in una pagina HTML, fuori da una pagina HTML o utilizzare la console di un qualsiasi browser. Suggeriamo la lettura di tutti i metodi proposti in quanto possono rivelarsi tutti utili anche per capirne le differenze e quale possa essere il più appropriato a noi.

Nella pagina HTML

L'HTML è un linguaggio di markup usato per la creazione di pagine Web, i suoi elementi sono i blocchi che costruiscono la pagina e sono rappresentati da *tag*. Esistono diversi tipi di tag e devi pensare la tua pagina come un giornale considerando un titolo, sottotitolo, paragrafo ecc. ma arricchito di contenuti multimediali come audio e video. Ogni tag è composto ed inizia per parentesi angolari <> e termina con </>.

In questo caso il nostro codice jQuery può essere incluso in un tag *<script></script>* proprio come avviene per il codice JavaScript.

Fuori da una pagina HTML

Un altro metodo di inclusione del codice jQuery all'interno di una pagina HTML è tramite la creazione di un file con estensione *.js*, in tal modo la pagina scaricherà il file JavaScript ed interpreterà il codice.

Console del browser

Oltre a moltissimi IDE disponibili online e davvero ben fatti come https://stackblitz.com/ e https://jsfiddle.net/ che consentono di creare pagine Web e vederne l'anteprima real-time è possibile usare la console del proprio browser per brevi funzioni che ad ogni modo <u>non vengono</u> trascritte sui file in locale. Possiamo quindi pensare di creare una breve pagina HTML in questi editor sfruttando quello che abbiamo già appreso.

Utilizziamo StackBlitz e nella sezione relativa al codice HTML includeremo jQuery e mostreremo un messaggio in rosso se l'esecuzione di jQuery non va a buon fine, verde altrimenti.

```
<html>
  <head>
    <script src="https://code.jquery.com/jquery-
3.4.1.min.js" integrity="sha256-
FgpCb/KJQlLNfOu9lta32o/NMZxltwRo8QtmkMRdAu8="
    crossorigin="anonymous"></script>
    <script>
      $(document).ready(function() {
        $('#test').html('<em>Funziona!</em>');
        $('#test em').css({color: '#0c0'});
      });
    </script>
  </head>
  <body>
    <h1>Test</h1>
    <p id="test"><strong style="color:#f00;">Non
funziona</strong></p>
  </body>
</html>
```

Come avrai notato abbiamo posizionato nel tag *head* della pagina il codice che vogliamo eseguire in modo da forzarne il caricamento prima del rendering della pagina. Il primo tag *script* serve per eseguire il download della versione minificata (ideale per la produzione perché più leggera) di jQuery, mentre il secondo tag *script* contiene delle istruzioni da eseguire. In particolar modo abbiamo utilizzato il selettore *$* per ritrovare l'elemento con id *test* e ne abbiamo cambiato il codice HTML, successivamente abbiamo cambiato una proprietà CSS ovvero il colore del testo. Approfondiremo meglio i metodi usati in questo esempio nei prossimi capitoli.

Statement e sintassi

Gli statement sono delle istruzioni che consentono principalmente di eseguire azioni sull'HTML pertanto la sintassi di jQuery si basa sul selezionare un elemento e poi eseguire un'azione. La sintassi è

14

$(selettore).azioneDaEseguire();

Il segno *$* serve per accedere al motore di selezione, il selettore serve a trovare gli elementi HTML all'interno della pagina ed infine è presente l'azione da eseguire su tale/i elemento/i.

Con jQuery possiamo davvero fare di tutto in modo molto semplice ed intuitivo senza compromettere la leggibilità e la concisione del codice scritto. E' buona norma eseguire il codice dopo che la pagina sia stata interamente caricata e pronta per evitare di bloccare il rendering pertanto dobbiamo jQuery offre il metodo *ready(function)* sull'elemento *document*:

```
$(document).ready(function(){
  // istruzioni jQuery
});
```

Questo metodo è davvero molto usato e risulta davvero utile per evitare problemi di inizializzazione e rendering ma, in realtà, esiste anche una versione equivalente più concisa che forse non tutti conoscono:

```
$(function(){
  // istruzioni jQuery
});
```

Array

Poichè jQuery è sostanzialmente una libreria JavaScript non offre molto supporto riguardo le utilità generiche infatti si basa molto sui metodi JavaScript nativi. Potremo usare la funzione *$.map(array, function)* che itera fra gli elementi dell'array e applica ad ognuno la funzione passata in input.

```
$.map([0, 1, 2], function(elem) {
  return elem > 0 ? elem + 1 : null;
});
// [2, 3]
```

La funzione mostrata rappresenta un utile esempio per creare un nuovo array dove ad ogni elemento dell'array originale viene aggiunto 1 se è maggiore di 0, se è minore di 0 viene rimosso.

Altre funzioni utili per la gestione degli array sono *$.grep(array, function)*, *$.each(array, function)* e *$.merge(array1, array2)*. La funzione *grep* è simile a *map* in quanto cerca gli elementi in un array che soddisfano una funzione passata in input restituendo un nuovo array senza modifica quello in input:

```
$.grep([0, 7, 8], function(n, i) {
  return n > 0;
});
// [7, 8]
```

Un altro metodo per iterare su qualsiasi oggetto o array è *$.each()*, nel caso si tratti di un oggetto la funzione in input accetta una coppia di parametri che indicano la chiave ed il valore. Nel caso in cui si itera su un array tale coppia di parametri indicano l'indice e il valore.

```
var obj = {
  "lavoro": "operaio",
  "contratto": "indeterminato"
};
$.each(obj, function(key, value) {
  alert(key + ": " + value);
});

// lavoro: operaio
// contratto: indeterminato
```

In questo caso abbiamo iterato sull'oggetto appena creato e vengono creati degli avvertimenti con il metodo *alert()* nativo di JavaScript.

Adesso utilizziamo lo stesso metodo per iterare su un array che contiene valori numerici:

```
$.each([5, 7], function(index, value) {
  alert(index + " : " + value);
});

// 0 : 5
// 1 : 7
```

L'ultima funzione riguardo gli array consente di unirne due grazie al metodo *$.merge(array1, array2)*, il metodo non rimuove elementi duplicati pertanto:

```
var primo = ["a", "b", "c"];
var secondo = ["c", "d", "e"];
$.merge(primo, secondo);

// ['a', 'b', 'c', 'c', 'd', 'e']
```

Oggetti

Per quanto concerne gli oggetti, così come per gli array, jQuery riutilizza ciò che JavaScript mette a disposizione nativamente. Le funzioni offerte sono: *$.each(object, function), $.extend(destObj, ...sourceObjs), $.isPlainObject(object), $.isEmptyObject(object)*.

La funzione *$.extend()* consente di unire il contenuto di due o più oggetti nel primo oggetto passato in input. Di seguito mostriamo un esempio:

```
var mela = {
```

```
    peso: 52
};
var pera = {
   prezzo: 5,
   'qualità': 'B+'
};
var merged = {};

// Unisco mela e inventario
$.extend(merged, mela, pera);
alert(JSON.stringify(merged));

// {"peso":52,"prezzo":5,"qualità":"B+"}
```

In questo caso le proprietà dell'oggetto mela e pera sono state unite nell'oggetto merged tramite la funzione *$.extend()* e successivamente con il metodo nativo *JSON.stringify()* abbiamo mostrato il risultato in un alert box.

Talvolta può essere utile capire se una variabile contiene un oggetto e, nel caso, verificare se l'oggetto è vuoto oppure no. jQuery mette a disposizione due funzioni che fanno ciò, rispettivamente *$.isPlainObject(object)* e *$.isEmptyObject(object)*:

```
var object =
{"peso":52,"prezzo":5,"qualità":"B+"};
var isObject = $.isPlainObject(object);
if (isObject) {
    alert('E\' un oggetto');
    var objVuoto = $.isEmptyObject(object);
    alert(objVuoto ? 'E\' vuoto' : 'Non e\'
vuoto');
} else {
    alert('Non e\' un oggetto');
}

// E' un oggetto
// Non e' vuoto
```

DOM

Cos'è?

Il DOM, o Document Object Model, è l'interpretazione del browser della pagina Web che ti sta mostrando. Se fai clic con il pulsante destro del mouse su una qualsiasi pagina Web e fai clic su Ispeziona, nel riquadro Elementi verrà visualizzato il DOM. Potrebbe apparire proprio come il tuo codice index.html, ma ricorda che gran parte di quel contenuto HTML viene solitamente reso dinamicamente da un server usando un linguaggio lato server come, per esempio, PHP.

Aprendo una pagina web nel browser, esso recupera il testo HTML della pagina e lo analizza ovvero crea un modello della struttura del documento che utilizza per disegnare la pagina sullo schermo. Questa rappresentazione è una struttura dati che puoi leggere o modificare in tempo reale: quando viene modificata, la pagina sullo schermo viene aggiornata per riflettere le modifiche.

Selezionare elementi del DOM

Risulta chiara la funzione del motore di selezione di jQuery ed è questa la sua potenza ma adesso vediamo come è possibile selezionare gli elementi che ci interessano del DOM. E' possibile selezionare qualsiasi elemento, a partire da un identificativo univoco, dal tag name, da una classe di stile. E' addirittura possibile navigare attraverso il DOM tramite i figli o fratelli di un elemento selezionato. Ma vediamo come.

```
$("p");
//tutti i paragrafi nel documento

$("#carrello");
//seleziona un singolo elemento con id "carrello"

$("a.carrello");
//solo i link con classe "carrello"
```

Per comprendere questa sintassi bisogna conoscere un po' di HTML e CSS infatti il tag *<p></p>* in HTML racchiude un paragrafo ed è ciò che recuperiamo nella prima riga dell'esempio. In questo modo recupereremo tutti i paragrafi dichiarati nel documento.

Con la seconda istruzione abbiamo recuperato un singolo elemento contraddistinto dall'id *carrello*, ricordiamo che l'attributo *id* in una pagina HTML definisce un identificatore **univoco** nell'intero documento.

Nella terza istruzione vengono recuperati tutti i link con classe di stile *carrello*, come avrai notato la sintassi che viene utilizzata è la stessa sintassi usata per i selettori CSS.

Proprio come per i selettori CSS è possibile usare selettori gerarchici ovvero dei selettori che sfruttano le relazioni tra i vari nodi che compongono il DOM. Possiamo sfruttare, quindi, la relazione *padre-figlio* tra due nodi del DOM, selezionare gli elementi adiacenti e non ad un dato nodo. Vediamo nel dettaglio questi selettori a partire dal più conosciuto sulla relazione *padre-figlio* tramite figli diretti:

```
$("div#container p");
```

In questo caso tramite lo spazio abbiamo selezionato i paragrafi contenuti nel *div#container* cioè i paragrafi discendenti del div con *id* pari a *container*.

Dato il seguente codice HTML, lo statement jQuery restituirà solo i primi due paragrafi:

```
<div id="container">
    <p class="titolo">Primo paragrafo</p>
```

```
    <div>
        <p>Secondo paragrafo</p>
    </div>
</div>
<div id="main">
    <p>Terzo paragrafo</p>
</div>
```

Se vogliamo selezionare un figlio diretto del nodo padre è necessario usare il selettore appropriato (>). La differenza con il selettore precedente consiste nel fatto che in questo caso il secondo paragrafo non verrà selezionato perché non è figlio diretto del *div* con *id* pari a *container*.

```
$("div#container > p");
```

E' possibile ottenere il riferimento ad un "fratello" adiacente al nodo selezionato tramite il selettore denotato dal simbolo +. Nel nostro esempio possiamo ottenere il riferimento al *div* all'interno del *container* tramite il paragrafo con classe *titolo* oppure possiamo selezionare il *div* adiacente al paragrafo all'interno del *container*.

```
$("#container p + div");
```

Se con il simbolo + è possibile selezionare i fratelli adiacenti al nodo scelto, con il simbolo tilde (~) è possibile selezionare i fratelli non adiacenti al nodo scelto. Mostriamo un esempio aggiornando la pagina HTML:

```
<div id="container">
    <p class="titolo">Primo paragrafo</p>
    <div>
        <p>Secondo paragrafo</p>
    </div>
    <h1>Super-titolo</h1>
```

```
</div>
<div id="main">
    <p>Terzo paragrafo</p>
</div>
```

In particolar modo ho inserito un tag *h1* ovvero un grande titolo dopo il *div* all'interno del *container*. Adesso tramite jQuery andremo a selezionare quel tag *h1* e ne cambieremo anche il colore facendolo diventare rosso:

```
$("#container p ~ h1").css('color','red');
```

Filtrare elementi o selezioni

jQuery offre anche la possibilità di filtrare i risultati del selettore in modo simile a quanto accade per i selettori CSS.

Con questi filtri è possibile raggruppare o selezionare gli elementi figli di un nodo, si può selezionare il primo figlio con il filtro *:first-child*, l'ultimo figlio con il filtro *:last-child* oppure possiamo usare un filtro più complesso come *:nth-child()* che consente di selezionare tutti gli elementi che sono n-esimi figli del nodo.

Prendiamo in considerazione la seguente pagina HTML:

```
<!doctype html>
<html lang="it">
    <head>
        <meta charset="utf-8">
        <title>Filtri di selettori</title>
        <style>
            li {
                color: black;
            }
            li.verde {
                color: green;
                font-weight: bolder;
            }
```

23

```
            </style>
            <script
src="https://code.jquery.com/jquery-
3.4.1.js"></script>
            </head>
            <body>

            <div>
                <ul>
                    <li>Audi</li>
                    <li>BMW</li>
                    <li>Fiat</li>
                    <li>Land Rover</li>
                    <li>Mercedes</li>
                    <li>Tesla</li>
                    <li>Volvo</li>
                </ul>
            </div>

            <script>
            $("li:first-child")
              .hover(function() {
                $(this).addClass("verde");
              }, function() {
                $(this).removeClass("verde");
              });
            </script>
            </body>
        </html>
```

In questo esempio abbiamo utilizzato la funzione *hover* che
consente di associare una funzione quando il mouse si posiziona su
un elemento ed un'altra quando il mouse non è più sull'elemento
scelto. In questo caso se il mouse si posiziona sul primo elemento
della lista verrà applicata la classe di stile *verde*.

Qualora fosse necessario selezionare l'ultimo elemento della lista ci
basterebbe passare da *$("li:first-child")* a *$("li:last-child")* e quindi
posizionando il mouse su *Volvo* questo verrà evidenziato in verde e
in grassetto. Spostando il mouse dall'ultimo elemento della lista

verrà innescata la seconda funzione che rimuove la classe CSS e quindi gli stili applicati in precedenza.

```
$("li:last-child")
```

Dopo aver visto i filtri più semplici analizziamo l'uso del filtro :nth-child(param) che consente di selezionare tutti gli elementi che sono l'ennesimo figlio di un nodo scelto ma non solo.

Vediamo come selezionare il terzo elemento della lista:

```
$("li:nth-child(3)")
```

In questo modo il terzo elemento della lista verrà selezionato e *Fiat* verrà evidenziato in verde. Sicuramente ti starai chiedendo perché abbiamo dato in input il parametro 3 anziché il parametro 2, come ti aspettavi. Questo è dovuto al fatto che l'implementazione di jQuery è strettamente collegata a quella CSS pertanto gli indici non partono da 0 (0-indexed) bensì da 1 (1-indexed). Questo può trarre in inganno ed è un aspetto da tenere bene a mente perché può portare spesso errori o confusione. I metodi *$.first()* e *$.eq()*, invece, ereditano dalle implementazioni di JavaScript pertanto i loro indici partono da 0.

Con questo filtro possiamo usare anche delle parole chiave che ci consentono di selezionare soltanto gli elementi pari, solo gli elementi dispari o, addirittura, tutti gli elementi che verificano un'equazione. Le parole chiave da usare sono rispettivamente *even* e *odd*, mentre nel caso dell'equazione basta specificarla all'interno delle parentesi come parametro di input.

```
$("li:nth-child(even)")
// BMW, Land Rover, Tesla
```

```
$("li:nth-child(odd)")
// Audi, Fiat, Mercedes, Volvo

$("li:nth-child(4n+1)")
// Audi, Mercedes

$("li:nth-child(5n-1)")
// Land Rover
```

I filtri risultano particolarmente interessanti anche perché consentono di filtrare anche sugli attributi dei singoli elementi. Questi metodi risultano molto utili perché facili da ricordare, grazie alla sintassi simile a quella CSS ma anche grazie alla loro semplicità. Il motore di selezione è davvero preciso e ben collaudato, frutto di continuo sviluppo nell'ultimo decennio.

Potremmo selezionare immagini che hanno larghezza pari a 500px e recuperarne la sorgente:

```
$("img[width='500px']").attr('src')
// a.gif
```

Assumendo che la pagina HTML sia così definita:

```
<!doctype html>
<html lang="it">
    <head>
        <meta charset="utf-8">
        <title>Filtri di attributi</title>
        <script
src="https://code.jquery.com/jquery-
3.4.1.js"></script>
    </head>
    <body>

    <img title="prova1" width="500px"
src="a.gif"/>
        <img title="prova2" src="" />
```

```
    <img title="prova3" height="200px"
src="b.gif"/>
    <img title="prova4" />

    <script>
    alert($("img[width='500px']").attr('src'));
    </script>
    </body>
</html>
```

Inavvertitamente nella pagina abbiamo inserito un'immagine senza sorgente ovvero senza l'attributo *src* ed un'immagine con l'attributo *src* impostato a stringa vuota, andiamo a recuperare questi elementi con jQuery:

```
$("img[src=''], img:not([src])")
// prova2, prova4
```

Come avrai notato ci sono un po' di novità in questo statement: la prima riguarda l'uso della virgola per separare i due selettori; la seconda è l'uso del *:not* per indicare l'assenza dell'attributo *src* all'interno del *tag*. La virgola consente di selezionare sia gli elementi che hanno *src=''*, quindi una stringa vuota, sia i tag di tipo immagine che non hanno proprio dichiarato l'attributo *src*.

Quando è necessario fare delle selezioni basandosi su più attributi si può raggruppare in questo modo:

```
$("img[src=''][title^='prova'])
// prova2
```

Nell'esempio verranno, quindi, restituiti tutte le immagini con l'attributo *src* pari a stringa vuota che hanno anche il titolo che inizia con (^=) la stringa *'prova'*. E' importante notare che entrambi

27

gli attributi devono essere presenti all'interno dello stesso tag
ovvero *img* in questo caso.

Come abbiamo avuto modo di notare, jQuery offre diverse opportunità per navigare nel DOM e cercare degli elementi ma esistono dei metodi dedicati. Il metodo più utilizzato è *.find()* che ricerca elementi figli all'interno di una collezione di elementi in base al parametro ricevuto in input.

```
<!doctype html>
<html lang="it">
    <head>
      <meta charset="utf-8">
      <title>find demo</title>
      <style>
      span {
        color: blue;
      }
      </style>
      <script
src="https://code.jquery.com/jquery-
3.4.1.js"></script>
    </head>
    <body>
        <p><span>Buongiorno</span>, signore!</p>
        <p>Buongiorno <span>Filippo</span>.</p>
        <div>Com'è il tempo <span>oggi</span>
?</div>

        <script>
            var spans = $("span");
            $("p").find(spans).css("color",
"green");
        </script>
    </body>
</html>
```

Nell'esempio precedente abbiamo cercato tutti i tag di tipo *span* e solo quelli all'interno dei paragrafi vengono modificati in verde, lasciando in blu tutti gli altri. Pertanto il primo *Buongiorno* e *Filippo* saranno di colore verde mentre *oggi* sarà di colore blu. In modo simile opera il metodo *.children()* che consente di ricercare solo i discendenti diretti in quella collezione.

Abbiamo visto finora come scendere nella navigazione dell'albero di padre in figlio, adesso vediamo come muoverci verso l'alto (per avere il riferimento al padre), verso sinistra e destra in modo da selezionare elementi contigui.

Il metodo *.parents()* consente di cercare tra gli antenati di questi elementi nella struttura DOM e costruire un nuovo oggetto jQuery con gli elementi che vengono restituiti in ordine dal genitore più vicino a quello più lontani. Quando nel set originale sono presenti più elementi DOM, anche il set risultante sarà in ordine *inverso* rispetto agli elementi originali, con i duplicati rimossi. In questo contesto si inserisce anche il metodo *.parent()* che si ferma al primo livello trovato ovvero al primo genitore, al contrario di *.parents()* che risale l'intero albero.

Nel prossimo esempio analizzeremo le differenze tra i due metodi infatti imposteremo il colore dello sfondo a verde all'intero documento o soltanto al *livello-1*. Utilizzando il metodo *.parents()* il colore verde sarà applicato ai tag *<html>*, *<body>*, *<ul class="livello-1">* mentre con il metodo *.parent()* il colore verde verrà applicato alla lista non ordinata con la classe di stile denominata *livello-1*.

Consideriamo il seguente codice HTML:

```
<!doctype html>
<html lang="it">
    <head>
        <meta charset="utf-8">
        <title>Test parent</title>
```

```
    <script
src="https://code.jquery.com/jquery-
3.4.1.js"></script>
    </head>
    <body>
        <ul class="livello-1">
            <li class="stadio-i">I</li>
            <li class="stadio-ii">II
            <ul class="livello-2">
              <li class="stadio-a">A</li>
              <li class="stadio-b">B
                <ul class="livello-3">
                    <li class="stadio-1">1</li>
                    <li class="stadio-2">2</li>
                    <li class="stadio-3">3</li>
                </ul>
              </li>
              <li class="stadio-c">C</li>
            </ul>
            </li>
            <li class="stadio-iii">III</li>
        </ul>

        <script>
            $(".stadio-
iii").parents().css("background-color", "green");
        </script>
    </body>
</html>
```

Per scorrere verticalmente useremo il metodo *next(param)* per ottenere il fratello immediatamente successivo nel set di elementi corrispondenti. Se viene fornito un selettore in input, recupererà il fratello successivo solo se corrisponde al selettore. Il metodo *prev(param)* ha lo stesso comportamento ma recupera il fratello precedente.

```
$(".stadio-b").prev().css("background-color",
"orange");
$(".stadio-b").next().css("background-color",
"orange");
```

In questo modo verranno evidenziati in arancione il fratello precedente e successivo al nodo con classe *stadio-b* ovvero *stadio-a* e *stadio-c*. Esistono anche dei metodi per ottenere tutti i fratelli precedenti o tutti i fratelli successivi e rispettivamente verrà usato *.prevAll()* o *.nextAll()* mentre *.siblings()* restituisce tutti gli elementi precedenti e seguenti al nodo scelto.

Inserire elementi nel DOM

La parte migliore dei moderni siti Web consiste nell'interazione tra le varie componenti della pagina quindi il come i diversi elementi sono collegati tra loro. Questi elementi si presentano all'utente, di solito in modo intelligente, per far in modo che l'utente non si "perda" all'interno della pagina tra informazioni non rilevanti.

Un esempio per tutti: pensiamo ad un carrello di prodotti, in fase di acquisto l'utente può essere un privato o un'azienda pertanto la nostra pagina dovrà prevedere una scelta di questo tipo. La pagina dovrà quindi prevedere anche i dati legati ad un cliente privato e i dati legati all'azienda come partita IVA, sede legale ecc. Mostrare tutti i dati in un'unica soluzione al cliente sarebbe un'idea folle perché quasi certamente indurrebbe il cliente ad abbandonare la pagina. Un'idea molto più elegante e funzionale sarebbe quella di chiedere il tipo di utente all'inizio magari con uno switch graficamente accattivante o con dei radio button e poi, in base alla scelta effettuata, mostrare i dati per il cliente privato o per l'azienda.

Tutto questo è possibile grazie a jQuery che consente di aggiungere dinamicamente degli elementi all'interno del DOM, magari usando anche qualche animazione perché anche l'occhio vuole la sua parte!

È possibile aggiungere o inserire elementi all'interno del DOM utilizzando jQuery ed i suoi metodi *$.append()* e *$.prepend()*. Il metodo *$.append()* jQuery inserisce il contenuto alla fine degli elementi corrispondenti, mentre il metodo *$.prepend()* inserisce il contenuto all'inizio degli elementi corrispondenti. Lo statement seguente ha la funzione di creare due radio button per la scelta del nostro esempio.

```
<!DOCTYPE html>
<html>
<head>
    <title>Esempio jQuery</title>
    <script
src="//ajax.googleapis.com/ajax/libs/jquery/3.4.1/jquer
y.min.js"></script>
    <script>
        $(document).ready(function() {
            $("body").append('<input type="radio"
id="privato" name="tipo" value="P">');
            $("body").append('<label
for="privato">Privato</label>');
            $("body").append('<input type="radio"
id="azienda" name="tipo" value="A">');
            $("body").append('<label
for="azienda">Azienda</label>');
        });
    </script>
</head>
<body>
</body>
</html>
```

In questo modo abbiamo inserito nel DOM la stringa data in input al metodo *$.append()* che viene invocato sull'elemento *<body>* della pagina HTML. Ricordiamo che i radio button sono esclusivi ovvero la selezione dell'uno ne esclude l'altro perché l'attributo *value* è uguale, se fosse stato diverso sarebbero stato possibile selezionarli entrambi entrando in una contraddizione.

33

```
<!doctype html>
<html lang="it">
<head>
  <meta charset="utf-8">
  <title>jQuery append</title>
  <style>
      div {
         color: orange;
         font-size: 18px;
      }
  </style>
  <script src="https://code.jquery.com/jquery-
3.4.1.js"></script>
</head>
<body>
    <div></div>
    <div></div>
    <script>
        $("div").html("<b>Aggiunto</b> Funziona!");
        $("div").first().text("<b>Aggiunto</b>
    Funziona!");
        $("div
    b").append(document.createTextNode("!")).css("col
    or", "red");
    </script>
</body>
</html>
```

Nell'esempio precedente abbiamo introdotto altri due metodi per la creazione di elementi nel DOM, uno ci consente di modificare il contenuto HTML e l'altro quello testuale di una collezione. Si tratta rispettivamente del metodo *$.html()* e *$.text()*. L'esempio precedente utilizza questi due metodi evidenziandone chiaramente il loro compito: con la prima riga dello script viene effettuato il rendering del contenuto della stringa e viene incollato ad ogni *<div>*. Nell'istruzione successiva selezioniamo soltanto il primo elemento di tipo *div* presente in pagina e usando il metodo *$.text()* ne viene modificato il contenuto. Nella terza istruzione, infine, selezioniamo tutti i *<div>* che contengono un testo in grassetto e aggiungiamo un nuovo nodo contenente un punto esclamativo cambiando il colore.

Il risultato di questa pagina sarà:

Aggiunto Funziona!

Aggiunto! Funziona!

E' fondamentale ricordare, come avrai notato, che il metodo *$.text()* non effettua il rendering del suo contenuto infatti i tag HTML non sono stati riconosciuti come tali.

Se questo non ti dovesse bastare, jQuery mette a disposizione anche altri metodi per inserire elementi contigui in un determinato punto del DOM. I metodi in questione sono *$.after()*, *$.before()*, *$.insertAfter()* e *$.insertBefore()*. Questi metodi accettano uno o più parametri che vengono inseriti prima/dopo l'elemento selezionato.

Facciamo qualche esempio per chiarire:

```
<!DOCTYPE html>
<html>
<head>
    <title>Esempio after</title>
    <script
src="//ajax.googleapis.com/ajax/libs/jquery/3.4.1
/jquery.min.js"></script>
    <style>
        p {
            color: green;
        }
    </style>
</head>
<body>
    <div class="container">
      <h2>Appello</h2>
      <div class="inner">Filippo</div>
      <div class="inner">Antonio</div>
      <div class="inner">Giovanni</div>
```

35

```
    <div class="inner">Claudio</div>
    <div class="inner">Renzo</div>
</div>
<script>
    $(document).ready(function() {
        $(".inner").after("<p>Presente</p>");
    });
</script>
</body>
</html>
```

In questo esempio abbiamo utilizzato il metodo *$.after()* per simulare la domanda e risposta in caso di appello, evidenziando il paragrafo che viene aggiunto di colore verde. Il risultato è il seguente:

Appello

Filippo

Presente

Antonio

Presente

Giovanni

Presente

Claudio

Presente

Renzo

Presente

Modificando il metodo invocato in *$.before()* il comportamento sarà inverso ovvero prima di ogni nome ci sarà un paragrafo con la stringa *Presente* di colore verde.

I metodi *$.insertBefore()* e *$.insertAfter()* seguono una logica inversa infatti prima viene definito l'elemento da aggiungere e come parametro si specifica l'elemento al quale aggiungerlo. Utilizzando questi metodi il risultato resta uguale rispetto a *$.after()* e *$.before()* ma sinceramente li preferiscono perché rendono il codice "parlante". Avere un codice pulito e "parlante" non è soltanto una best practice ma è anche un atto d'amore verso voi stessi e verso il prossimo, il codice ben scritto aiuta la comprensione e non solo a voi stessi.

Dulcis in fundo, come dicevano i latini, il metodo più strabiliante ovvero quello che credo vi stupirà così come ha stupito me la prima volta che l'ho usato. Stiamo parlando del metodo *$.wrap()* che consente di avvolgere un elemento con un altro da noi specificato e passato in input al metodo. Questo metodo consente in input un parametro di tipo stringa (l'elemento da aggiungere) oppure una funzione di callback. Partendo dal caso più semplice, vediamo nel dettaglio come funziona sulla nostra pagina HTML di esempio usata in precedenza:

```
$(".inner").wrap("<div class='studente'></div>");
```

In questo caso ogni elemento che ha classe *inner* verrà avvolto in un *<div>* che ha una classe di stile *studente*. Questo è il caso più semplice e produce il seguente output:

```
<div class="container">
  <h2>Appello</h2>
```

```
  <div class="studente"><div
class="inner">Filippo</div></div>
  <div class="studente"><div
class="inner">Antonio</div></div>
  <div class="studente"><div
class="inner">Giovanni</div></div>
  <div class="studente"><div
class="inner">Claudio</div></div>
  <div class="studente"><div
class="inner">Renzo</div></div>
</div>
```

Adesso vediamo come è possibile usare una funzione come input di questo metodo: immaginiamo di voler creare la stessa struttura ma al posto di una generica classe *studente* vogliamo un *id* con il nome dello studente. Questo compito può essere assegnato ad una funzione simile:

```
$(".inner").wrap(function() {
    return "<div id='" + $(this).text() +
"'></div>";
});
```

Il risultato è proprio quello che ci aspettiamo ovvero:

```
<div class="container">
  <h2>Appello</h2>
  <div id="Filippo"><div
class="inner">Filippo</div></div>
  <div id="Antonio"><div
class="inner">Antonio</div></div>
  <div id="Giovanni"><div
class="inner">Giovanni</div></div>
  <div id="Claudio"><div
class="inner">Claudio</div></div>
  <div id="Renzo"><div
class="inner">Renzo</div></div>
</div>
```

Con questo metodo abbiamo concluso il grande capitolo relativo all'aggiunta di elementi al DOM, dal quale abbiamo capito quali sono i metodi principali per coprire ogni esigenza.

Sostituire e rimuovere elementi

Così come è semplice aggiungere elementi nel DOM risultano altrettanto semplici le operazioni di sostituzione, rimozione e duplicazione di un elemento. Si tratta di pochi metodi ma davvero utili e, soprattutto, facili da ricordare con una sintassi pulita e lineare.

Per sostituire un elemento è utile il metodo *$.replaceWith()* che viene invocato sull'elemento da aggiornare e accetta in input il nuovo valore. Per rimpiazzare un elemento basterà un semplice statement:

```
$("#Claudio").replaceWith("<p>Assente</p>");
```

Come puoi notare verrà selezionato l'elemento con *id* pari a *Claudio* e il suo contenuto verrà sostituito con il paragrafo che contiene la stringa *Assente* di colore verde.

Una caratteristica da tenere a mente di questo metodo è che restituisce l'oggetto jQuery originario e che fa riferimento, quindi, all'elemento del DOM che è stato eliminato.

Come nel caso precedente potremmo usare un metodo che ha lo stesso scopo ma logica inversa, stiamo parlando del metodo *$.replaceAll()*:

```
$("<p>Assente</p>").replaceAll('#Claudio');
```

Dato che *Claudio* risulta assente abbiamo deciso di eliminarlo dall'appello, per fare ciò è sufficiente invocare il metodo *$.remove()* come segue dopo aver selezionato l'elemento:

```
$("#Claudio").remove();
```

Il risultato sarà il seguente:

Appello

Filippo

Antonio

Giovanni

Renzo

Il metodo *$.remove()* è simile al metodo *$.empty()* che consente di svuotare un elemento di tutto il suo contenuto. Potremmo usare questo metodo per ripulire l'intera lista di nomi che compongono la nostra pagina ed avere un appello senza alcuno studente.

Nel caso di clonazione di un elemento risulta particolarmente utile il metodo *$.clone()* che in modo molto semplice duplica gli elementi selezionati ridefinendoli come elementi della collezione.

Questo metodo consente solo la clonazione dell'elemento ma non l'aggiunta in automatico pertanto dovremo ricordarci di inserire l'elemento nel DOM con uno dei metodi che abbiamo visto finora:

```
<!DOCTYPE html>
<html>
```

```
<head>
    <title>Esempio di clonazione e aggiunta al
DOM</title>
    <script
src="//ajax.googleapis.com/ajax/libs/jquery/3.4.1/jquer
y.min.js"></script>
    <style>
        p {
            color: green;
        }
    </style>
</head>
<body>
    <div class="container">
      <h2>Appello</h2>
      <div class="inner">Filippo</div>
      <div class="inner">Antonio</div>
      <div class="inner">Giovanni</div>
      <div class="inner">Claudio</div>
      <div class="inner">Renzo</div>
    </div>


    <script>
        $(document).ready(function() {
            $( ".inner" ).wrap(function() {
                return "<div id='" + $( this ).text() +
"'></div>";
            });
$("#Claudio").clone().insertBefore('#Renzo');
        });
    </script>
</body>
</html>
```

In questo caso abbiamo duplicato l'elemento con *id* pari a *Claudio* e l'abbiamo inserito prima dell'elemento con *id* pari a *Renzo*. Così facendo *Claudio* risulterà duplicato ed avremo due elementi uguali nel DOM.

Giunti a questo punto abbiamo imparato a giocare con gli elementi del nostro DOM e, come dei maghi, abbiamo creato nuovi elementi, cambiato la forma di altri e cancellati altri ancora. Ora che abbiamo maggiore confidenza con jQuery possiamo pensare di giocare un po' con gli stili modificando il CSS. Partiremo da esempi molto semplici per arrivare gradualmente a quelli più complessi.

Iniziamo dalle basi approfondendo qualche metodo già accennato in precedenza: *$.css()* consente di recuperare o modificare le proprietà CSS di un elemento. Quando viene invocato con un solo parametro recupera l'attributo richiesto, con due parametri ne imposta la proprietà.

Immaginiamo di dichiarare una classe di stile che imposta il colore tutti i paragrafi a verde, aggiungiamo un paragrafo alla nostra pagina HTML ed eseguiamo questo statement:

```
alert($("p").css("color"));
// rgb(0, 128, 0)

$("p").css("color", "violet");
// Tutti i paragrafi sanno di colore viola
```

Il risultato sarà espresso nella forma RGB ovvero un modello di colori di tipo additivo inteso come la somma dei tre colori Rosso (Red), Verde (Green) e Blu (Blue), da cui appunto l'acronimo RGB.

Già con il metodo *$.css()* possiamo impostare tutte le proprietà di stile: dal colore dello sfondo al font, dall'altezza alla larghezza, dal bordo ai margini e tanto altro ancora. Basterebbe questo metodo quindi per permetterci di modificare lo stile degli elementi ma jQuery fornisce anche dei metodi specifici per gli attributi relativi a posizionamento e dimensioni degli elementi che vedremo a breve.

Possiamo utilizzare i metodi *$.hasClass()* e *$.addClass()* rispettivamente per verificare che un elemento abbia una classe di stile o aggiungerne una.

Di seguito mostriamo degli esempi:

```html
<!doctype html>
<html lang="it">
<head>
  <meta charset="utf-8">
  <title>Esempio hasClass</title>
  <style>
      p {
        margin: 8px;
        font-size: 16px;
      }
      .selected {
        color: red;
      }
  </style>
  <script src="https://code.jquery.com/jquery-
3.4.1.js"></script>
</head>
<body>
    <p>Questo pararafo è nero ed è il primo
paragrafo</p>
    <p class="selected">Questo paragrafo è rosso
ed è il secondo</p>
    <div id="div1">Il primo paragrafo ha la
classe selected? </div>
    <div id="div2">Il secondo paragrafo ha la
classe selected? </div>
    <div id="div3">Almeno un paragrafo ha la
classe selected? </div>

    <script>

$("#div1").append($("p").first().hasClass("select
ed").toString());
```

```
$("#div2").append($("p").last().hasClass("selecte
d").toString());

$("#div3").append($("p").hasClass("selected").toS
tring());
    </script>
</body>
</html>
```

Il risultato di questa pagina è:

```
Questo paragrafo è nero ed è il primo paragrafo
Questo paragrafo è rosso ed è il secondo

Il primo paragrafo ha la classe selected? false
Il secondo paragrafo ha la classe selected? true
Almeno un paragrafo ha la classe selected? true
```

Nel caso in cui volessimo aggiungere la classe *selected* all'ultimo paragrafo useremo questo statement:

```
$("p").last().addClass("selected");
```

Ritorniamo sui metodi specifici per il posizionamento e le dimensioni degli elementi con jQuery: questi consentono di recuperare o impostare valori come altezza o larghezza di un elemento, recuperare le coordinate del primo elemento o impostarle per ogni elemento e tanto altro. Vediamo i casi d'uso più frequenti ovvero quelli che si presentano spesso durante lo sviluppo di una pagina HTML con jQuery:

```
<!doctype html>
<html lang="it">
<head>
  <meta charset="utf-8">
  <title>width demo</title>
```

```html
    <style>
        button {
          font-size: 12px;
          margin: 2px;
        }
        p {
          width: 150px;
          border: 1px red solid;
        }
        div {
          color: red;
          font-weight: bold;
        }
    </style>
    <script src="https://code.jquery.com/jquery-
3.4.1.js"></script>
</head>
<body>
    <button id="getp">Larghezza
paragrafo</button>
    <button id="getd">Larghezza document</button>
    <button id="getw">Larghezza finestra</button>
    <div></div>
    <p>
       Paragrafo di test!
    </p>

    <script>
        function mostraLarghezza(elem, w) {
          $("div").text(`La larghezza per ${elem}
è ${w} pixel. `);
        }
        function mostraAltezza(elem, h) {
          $("div").append(`L'altezza per ${elem}
è ${h} pixel.`);
        }
        $("#getp").click(function() {
          mostraLarghezza("paragrafo",
$("p").width());
          mostraAltezza("paragrafo",
$("p").height());
        });
        $("#getd").click(function() {
          mostraLarghezza("document",
$(document).width());
```

```
            mostraAltezza("paragrafo",
$("p").height());
        });
        $("#getw").click(function() {
        mostraLarghezza("finestra",
$(window).width());
            mostraAltezza("paragrafo",
$("p").height());
        });

alert(JSON.stringify($("#getp").offset()));
    </script>
</body>
</html>
```

Come puoi notare in questo caso abbiamo usato un po' di funzioni e abbiamo introdotto anche un'esca per imparare qualcosa di nuovo. Abbiamo utilizzato $.width() per recuperare la larghezza del paragrafo, del document e della finestra del browser mentre con $.height() abbiamo recuperato l'altezza. Infine con la funzione $.offset() viene restituito un oggetto con due proprietà: top e left che indicano le coordinate di inizio dell'elemento rispetto al document.

Hai notato del codice strano o comunque diverso da quello che ti aspettavi? Ebbene si, ora che hai più confidenza con jQuery abbiamo inserito un elemento di confusione che conosci già se conosci bene JavaScript. Si tratta degli statement contenuti nelle funzioni mostraLarghezza() e mostraAltezza():

```
$("div").text(`La larghezza per ${elem} è ${w}
pixel. `);
$("div").append(`L'altezza per ${elem} è ${h}
pixel.`);
```

Probabilmente avrai pensato che ${elem} e ${h} fosse del codice jQuery così come lo abbiamo usato fino ad ora. Questo può trarre in inganno molti che non hanno solide basi in JavaScript e che si stanno approcciando a jQuery per la prima volta. Guardando attentamente lo statement noterai anche un accento diverso all'inizio della stringa che contiene il messaggio da visualizzare. Quello strano accento racchiude delle stringhe template in JavaScript ed chiamato backtick (o accento grave), si può stampare sul tuo schermo con la combinazione di tasti Alt + 96.

Questo modo di scrivere delle stringhe con dei segnaposti è anche detta interpolazione di stringhe ed è una funzione del linguaggio di programmazione davvero utile che consente di iniettare variabili direttamente in una stringa. E' da notare che fino al rilascio di ES6 l'interpolazione di stringhe non era disponibile in JavaScript. La mancanza di questa funzione ha portato ad un codice concatenato orribile che spesso somiglia a questo:

```
function stampa(stringa1, stringa2, stringa3) {
   return stringa1+ " deve essere stampata prima
di" + stringa2 + " che deve          essere
stampata prima di " + stringa3;
   }
```

Con l'interpolazione tutto diventa molto più leggibile e semplice da usare:

```
function stampa(stringa1, stringa2, stringa3) {
   return `${stringa1} deve essere stampata prima
di ${stringa2}  che deve essere          stampata
prima di ${stringa3}`;
   }
```

Questo modo risulta molto più utile e veloce ma può confondere le idee se viene utilizzato anche jQuery all'interno del progetto con JavaScript e standard ES6.

jQuery include una libreria di effetti, incluso il metodo di attivazione / disattivazione che mostreremo a breve. Le animazioni sono un buon esempio di funzionalità che è più semplice da utilizzare con jQuery piuttosto che con JavaScript.

In questo capitolo vedremo come gestire gli eventi in jQuery al fine di creare effetti ed animazioni o semplicemente eseguire delle funzioni quando viene premuto un pulsante. L'importanza degli eventi di jQuery consiste nella sua compatibilità con tutti i browser differentemente da alcune funzioni JavaScript che in alcuni browser (vedi Explorer) non vengono riconosciute o comunque non funzionano propriamente.

Associamo un evento al click di un pulsante:

```html
<!doctype html>
<html lang="it">
<head>
  <meta charset="utf-8">
  <title>Eventi</title>
  <style>
     p {
        background: yellow;
        font-weight: bold;
        cursor: pointer;
        padding: 5px;
     }
     p.over {
        background: #ccc;
     }
     span {
        color: red;
     }
  </style>
  <script src="https://code.jquery.com/jquery-3.4.1.js"></script>
</head>
<body>
```

```
<p>Clicca una o due volte qui dentro</p>
<span></span>

<script>
    $("p").on("click", function(event) {
        var str = "(" + event.pageX + ", " +
event.pageY + ")";
        $("span").text("Hai appena cliccato! Il
mouse ha coordinate:  " + str);
    });
    $("p").on("dblclick", function() {
        $("span").text("Hai appena fatto doppio
click!");
    });
    $("p").on("mouseenter mouseleave",
function(event) {
        $(this).toggleClass("over");
    });
</script>
</body>
</html>
```

In questo modo con il metodo $.on() abbiamo associato una funzione per l'elemento al verificarsi di un evento. Questo metodo collega il gestore di eventi all'elemento o all'insieme di elementi selezionato da jQuery. I gestori degli eventi sono associati solo agli elementi attualmente selezionati infatti questi devono esistere nel momento in cui viene effettuata l'invocazione del metodo $.on(). Per garantire ciò è sufficiente posizionare l'invocazione del metodo dopo l'elemento HTML e alla fine del tag <body> in modo che sia stato effettuato il rendering di tale elemento. In questo esempio abbiamo sfruttato diversi eventi: click, dblclick, mouseenter e mouseleave. I primi due consentono di intercettare il click o il doppio click dell'utente su un elemento. Potremmo riusare questa funzione per eseguire delle istruzioni prima che l'utente apra un link ad un documento per esempio. Nell'esempio abbiamo usato anche due proprietà dell'event e si tratta di pageX e pageY che è un intero che rappresenta il valore in pixel della coordinata X o Y del puntatore del mouse, relativamente all'intero documento. La coordinata fa riferimento al momento in cui l'evento si è verificato. Questa proprietà tiene conto di ogni scorrimento orizzontale o verticale che è stato effettuato all'interno del browser.

L'evento mouseenter ci ha consentito di applicare una classe di stile al paragrafo quando il mouse "entra" nella sua area ovvero dove il paragrafo è definito. Ci accorgiamo di essere dentro l'area del paragrafo perché viene applicata la classe di stile ed il colore dello sfondo diventa grigio. L'ultimo evento, invece, ha esattamente lo scopo inverso infatti viene attivato quando ci si allontana dall'area del paragrafo e toglie la classe over aggiunta dal metodo precedente. Questo consente allo sfondo a tornare di colore giallo.

Fantastico jQuery vero? Con pochissime istruzioni si riesce a creare molta interattività che migliora l'esperienza utente. Con un po' di pratica sarai in grado di creare delle bellissime pagine HTML che renderanno i tuoi utenti felici e soddisfatti.

Così come è possibile associare delle funzioni ad un elemento, è possibile anche fare il contrario tramite il metodo $.off() che rimuove un gestore di eventi. Questo metodo può rimuovere un solo gestore di eventi già associato, molti gestori o addirittura tutti i gestori di eventi associati quando viene invocato senza parametri in input. Da notare che quando viene dato in input il nome di evento come click verranno eliminati tutti gli eventi di questo tipo dagli elementi nell'insieme di jQuery, per rimuovere uno specifico gestore di eventi è sufficiente passare in input il selettore desiderato.

Riprendiamo l'esempio precedente e rimuoviamo tutti i tipi di click sul paragrafo:

```html
<!doctype html>
<html lang="it">
<head>
  <meta charset="utf-8">
  <title>Eventi</title>
  <style>
      p {
        background: yellow;
        font-weight: bold;
        cursor: pointer;
        padding: 5px;
      }
      p.over {
         background: #ccc;
      }
      span {
        color: red;
      }
  </style>
  <script src="https://code.jquery.com/jquery-
3.4.1.js"></script>
</head>
<body>
    <p>Clicca una o due volte qui dentro</p>
    <span></span>
    <button id="rimuoviSingolo">Rimuovi singolo
click</button>
    <button id="rimuoviDoppio">Rimuovi doppio
click</button>

    <script>
        $( "p" ).on( "click", function( event ) {
          var str = "( " + event.pageX + ", " +
event.pageY + " )";
          $( "span" ).text( "Hai appena cliccato!
" + str );
        });
        $( "p" ).on( "dblclick", function() {
          $( "span" ).text( "Hai appena fatto
doppio click!");
        });
        $( "p" ).on( "mouseenter mouseleave",
function( event ) {
          $( this ).toggleClass( "over" );
        });
        $( "#rimuoviSingolo" ).click(function() {
```

```
            $( "p" ).off( "click");
          });
          $( "#rimuoviDoppio" ).click(function() {
            $( "p" ).off( "dblclick");
          });
        </script>
      </body>
      </html>
```

Gli eventi più utilizzati per questo genere di associazioni sono: blur, focus, load, resize, scroll, unload, beforeunload, click, dblclick, mousedown, mouseup, mousemove, mouseover, mouseout, mouseenter, mouseleave, change, select, submit, keydown, keypress, keyup, error. Avrai notato che molti sono legati ad azioni del mouse, altre sono legate alle azioni della tastiera come la pressione di un tasto che può essere intercettata con tre eventi diversi (pulsante che scende, pulsante premuto, pulsante che risale), altri eventi sono legati all'inserimento dei dati in campi di input o form.

Adesso siamo pronti per creare qualche animazione di base. Qualche capitolo fa abbiamo fatto l'esempio di un carrello e del processo di check-out diverso per un cliente privato e per un'impresa. Adesso mostreremo un box animato con i dati relativi ad un utente privato o un'azienda in base alla scelta fatta tramite dei radio button.

```
<!doctype html>
<html lang="it">
<head>
  <meta charset="utf-8">
  <title>Carrello del cliente</title>
  <script src="https://code.jquery.com/jquery-
3.4.1.js"></script>
</head>
<body>
```

53

```html
    <input type="radio" id="privato" name="tipo"
value="P">
    <label for="privato">Privato</label>
    <input type="radio" id="azienda" name="tipo"
value="A">
    <label for="azienda">Azienda</label>
    <div id="boxPrivato">
      <form action="/submit.php">
          Nome:<br>
          <input type="text" name="nome">
          <br>
          Cognome:<br>
          <input type="text" name="cognome">
          <br><br>
          <input type="submit" value="Invia">
        </form>
    </div>
    <div id="boxAzienda">
      <form action="/submit.php">
          Nome Azienda:<br>
          <input type="text" name="nome">
          <br>
          Partita IVA:<br>
          <input type="text" name="piva">
          <br><br>
          <input type="submit" value="Invia">
        </form>
    </div>
    <script>
        $(document).ready(function() {
            $("#boxPrivato").hide();
            $("#boxAzienda").hide();

$('input[type=radio][name=tipo]').change(function() {
                if (this.value == 'P') {
                    $("#boxAzienda").fadeOut("slow");
                    $("#boxPrivato").show('slow');
                }
                else if (this.value == 'A') {
                    $("#boxPrivato").hide("slow");
                    $("#boxAzienda").show('slow');
                }
            });
        });
    </script>
</body>
```

```
</html>
```

In questo esempio abbiamo creato parte di un'applicazione più complessa, l'animazione rende tutto più armonioso e fa comprendere davvero all'utente che qualcosa sta cambiando a seguito della sua azione. Puoi rimuovere il parametro slow dai metodi show, hide e fadeOut e noterai la differenza infatti l'animazione non ci sarà più o meglio, sarà molto più veloce. Senza l'animazione non si da modo e tempo all'utente di capire cosa succedendo nonostante le <label> siano diverse. Ricorda infine che il metodo $.hide() corrisponde al metodo $.css("display", "none").

Adesso usiamo un altro metodo che ci consente di definire delle animazioni per il nostro box come segue:

```
<script>
    $(document).ready(function() {
        $("#boxPrivato").hide();
        $("#boxAzienda").hide();

$('input[type=radio][name=tipo]').change(function
() {
            if (this.value == 'P') {
                $("#boxAzienda").fadeOut();
                $("#boxPrivato").fadeIn();
                $("#boxPrivato").hover(function()
{

$("input[name=nome]").animate({ width: "200px"
});

$("input[name=cognome]").animate({ width: "200px"
});

$("input[type=submit]").animate({ width: "200px"
});
                });
            }
            else if (this.value == 'A') {
                $("#boxPrivato").fadeOut();
                $("#boxAzienda").fadeIn();
```

```
                    $("#boxAzienda").hover(function()
    {

$("input[name=nome]").animate({ width: "200px"
});

$("input[name=piva]").animate({ width: "200px"
});

$("input[type=submit]").animate({ width: "200px"
});
                        });
                    }
            });
        });
    </script>
```

In questo modo però cambiando la scelta da Privato ad Azienda noteremo che su due elementi l'animazione non funziona infatti il campo nome e il tasto per l'invio appaiono già con la dimensione di 200px. Questo è dovuto al fatto che il selettore usato ha lo stesso nome pertanto vengono selezionati tutti i tag <input> con name pari a nome così come tutti gli <input> di tipo submit.

Per ovviare a questo problema possiamo scegliere di usare il metodo $.first() e $.last() che consentono di selezionare il primo e l'ultimo elemento da una collezione di elementi, in questo caso una lista di elementi di input. Il codice modificato si presenta così:

```
    <script>
        $(document).ready(function() {
            $("#boxPrivato").hide();
            $("#boxAzienda").hide();

$('input[type=radio][name=tipo]').change(function
() {
                if (this.value == 'P') {
                    $("#boxAzienda").fadeOut();
                    $("#boxPrivato").fadeIn();
```

```
                    $("#boxPrivato").hover(function()
    {

$("input[name=nome]").first().animate({ width:
"200px" });

$("input[name=cognome]").animate({ width: "200px"
});

$("input[type=submit]").first().animate({ width:
"200px" });
                        });
                }
                else if (this.value == 'A') {
                    $("#boxPrivato").fadeOut();
                    $("#boxAzienda").fadeIn();
                    $("#boxAzienda").hover(function()
    {

$("input[name=nome]").last().animate({ width:
"200px" });

$("input[name=piva]").animate({ width: "200px"
});

$("input[type=submit]").last().animate({ width:
"200px" });
                        });
                }
            });
        });
</script>
```

Così come esiste un metodo per iniziare un'animazione ne esiste uno per fermare o cancellare un'animazione, si tratta del metodo $.stop() che senza parametri in input ferma l'effetto corrente e passa al successivo mentre passando true in input blocca anche le animazioni cancellando la coda.

L'ultimo esempio proposto è volto esclusivamente ad apprendere i vari metodi che jQuery mette a disposizione infatti un approccio migliore consisterebbe nel mappare i dati richiesti dalla nostra applicazione e cambiare dinamicamente le <label> per ogni singolo campo.

Questo approccio,in sostanza, eviterebbe di creare due <form> con le stesse informazioni assumendo che il campo nome possa essere associato sia al nome del cliente che al nome dell'azienda.

Rivediamo il codice utilizzando questo approccio per completezza e per consolidare le nostre basi di jQuery:

```html
<!doctype html>
<html lang="it">
<head>
  <meta charset="utf-8">
  <title>Carrello del cliente</title>
  <script src="https://code.jquery.com/jquery-
3.4.1.js"></script>
</head>
<body>
    <input type="radio" id="privato" name="tipo"
value="P">
    <label for="privato">Privato</label>
    <input type="radio" id="azienda" name="tipo"
value="A">
    <label for="azienda">Azienda</label>
    <form action="/submit.php">
      <label for="nome"></label>
      <input type="text" name="nome">
      <br>
      <div id="cognome">
          <label for="cognome"></label>
          <input type="text" name="cognome">
      </div>
      <br>
      <div id="piva">
          <label for="piva"></label>
          <input type="text" name="piva">
      </div>
      <br><br>
      <input type="submit" value="Invia">
    </form>
    <script>
```

```
        $(document).ready(function() {
            $("form").hide();

    $('input[type=radio][name=tipo]').change(function
    () {
                $("form").show();
                if (this.value == 'P') {

    $("label[for='nome']").text("Nome");
                    $("#cognome").show();

    $("label[for='cognome']").text("Cognome");
                    $("#piva").hide();
                }
                else if (this.value == 'A') {

    $("label[for='nome']").text("Nome azienda");
                    $("#cognome").hide();
                    $("#piva").show();

    $("label[for='piva']").text("Partita IVA");
                }
            });
        });
    </script>
</body>
</html>
```

Oltre all'effetto fade ovvero la dissolvenza esiste un altro tipo di animazione che jQuery ci offre e si tratta dell'effetto sliding ovvero lo scorrimento di una sezione della nostra pagina. Per utilizzare questo effetto sarà sufficiente invocare il metodo $.slideDown() e questo provvederà a far scorrere l'elemento sfruttandone l'altezza. E' possibile impostare anche la durata dello scorrimento ed una funzione da invocare quando l'animazione è completata, invocata solo una volta per animazione. I metodi correlati sono $.slideUp() e $slide.Toggle().

Browser e compatibilità

Come anticipato all'inizio il problema principale di ogni sistema Front-End è rendere la visualizzazione compatibile con tutti i browser e possibilmente con le ultime versioni perché nei laptop degli utenti si trova di tutto, a partire dai browser dedicati a garantire la privacy, ai browser installati anni fa nei terminali aziendali e mai aggiornati. Ogni utente dovrebbe avere la medesima esperienza sul sito o sulla pagina HTML che egli utilizzi Internet Explorer, Mozilla Firefox, Google Chrome o qualsiasi altro browser.

jQuery ci viene incontro dato che si tratta di una libreria e dato che garantisce piena compatibilità con Chrome, Edge, Firefox, Safari e compatibilità con Internet Explorer dalla versione 9 in poi.

Nel caso in cui tu abbia dei dubbi relativi alla compatibilità di una funzione nei vari browser ti consiglio di usare il sito https://caniuse.com che indica se tale funzione è supportata nel browser. Oltre a questo indica in quale versione del browser è supportata la funzione e quanto quella versione del browser è utilizzata dagli utenti. In tal modo potremmo capire quanto il nostro codice risulta portabile e quindi garantire a tutti gli utenti un'ottima esperienza sul nostro sito Web o sulle nostre pagine HTML.

Conclusioni

Come abbiamo visto jQuery è una libreria JavaScript che semplifica di molto le operazioni sul DOM, la gestione degli eventi e le animazioni. Ci consente di creare pagine HTML senza preoccuparci riguardo la compatibilità dei browser e ci consente di scrivere meno codice facendo di più, raggiungendo l'obiettivo con cui è nato. Le sue caratteristiche permettono agli sviluppatori JavaScript di astrarre le interazioni a basso livello tra interazione e animazione dei contenuti delle pagine. L'approccio di tipo modulare di jQuery consente la creazione semplificata di applicazioni web e versatili contenuti dinamici.

Con il passare del tempo jQuery è diventata una libreria fondamentale ed estremamente popolare tanto che viene utilizzata da molti siti Web, basti pensare che anche WordPress la usa. Nonostante spesso jQuery venga confuso con JavaScript risulta una libreria davvero utile ed efficiente per risparmiare tempo in fase di sviluppo ed ottimizzare le nostre pagine HTML.

Questo ci porta a riflettere riguardo l'efficienza e la verbosità di JavaScript e jQuery, il primo risulta molto più verboso ma efficiente, il secondo risulta più conciso sintatticamente ma meno efficiente rispetto a JavaScript nell'accesso al DOM.

Poiché JavaScript puro è il metodo più efficace per lo sviluppo lato client, esiste un motivo per utilizzarlo. Ma una libreria come jQuery ti aiuterà a raggiungere il mercato più velocemente e in modo più economico. Quindi, è meglio dipendere fortemente da jQuery per le versioni iniziali del prodotto, una volta che il tuo prodotto è stabilito nel mercato e hai dei ricavi, puoi tornare indietro ed eseguire un refactoring del codice, per poi andare avanti e codificare tutto lo script restante.

Se il tuo obiettivo è diventare uno sviluppatore front-end, la risposta alla domanda "jQuery o JavaScript" è semplice: impara JavaScript. Gli annunci di lavoro possono richiedere jQuery, ma la risposta è semplice per qualsiasi HR: preferiranno quasi sicuramente i candidati che conoscono JavaScript rispetto a quelli che conoscono jQuery.

Anche se un'azienda utilizza ampiamente jQuery, si presume che un candidato in grado di comprendere JavaScript possa apprendere jQuery in modo rapido e semplice. Imparare JavaScript è molto più difficile, anche se sei un maestro jQuery.

Con questo ebook abbiamo creato una buona base per imparare il core di jQuery, il resto tocca a te. La via migliore per imparare un nuovo linguaggio di programmazione o un framework, come in questo caso, è quella di fare molta pratica, crea un tuo progetto e vedrai che presto diventerai un maestro.